MÉTHODE ÉLÉMENTAIRE

DE PLAIN-CHANT

Tout exemplaire non revêtu de notre signature sera réputé contrefait.

PARIS. — IMP. SIMON RAÇON ET COMP., RUE D'ERFURTH, 1.

MÉTHODE ÉLÉMENTAIRE

DE

PLAIN-CHANT

APPLIQUÉE

A l'édition de la Commission instituée par LL. ÉÉ. les Archevêques de Reims et de Cambrai

SUIVIE D'UN TABLEAU TRANSPOSITEUR DU PLAIN-CHANT EN NOTATION MUSICALE

PAR M. L'ABBÉ TOUZÉ

Chanoine honoraire de Reims, Vicaire de Saint-Gervais, à Paris, et membre de cette Commission

CINQUIÈME ÉDITION

JACQUES LECOFFRE ET Cie, LIBRAIRES-ÉDITEURS

PARIS — 90, RUE BONAPARTE | LYON — ANCIENNE MAISON PERISSE

1866

PRÉFACE

DE LA PREMIÈRE ÉDITION.

A cette époque, où le plain-chant a reconquis la considération et l'estime qu'il mérite, où les plus habiles maîtres dans l'art de la musique l'étudient avec soin et y découvrent des beautés qu'ils ne soupçonnaient pas ; à cette époque, où une restauration consciencieuse vient de lui rendre son caractère primitif, en le débarrassant de tout ce que les temps modernes lui avaient donné de lourd et de pesant, de toutes ces intonations si âpres, si dures à l'oreille, de ce martellement de notes égales, en opposition avec les suaves mélodies de saint Grégoire ; à cette époque, dis-je, la nécessité de deux ouvrages se fait impérieusement sentir.

L'un devra dire l'histoire de ces chants anciens, le perfectionnement gradué de leur théorie, leurs principes raisonnés, leurs systèmes successifs de notation, en un mot, tout ce qu'ils offrent d'admirable dans leur science et dans leur exécution. L'autre, réclamé de toutes parts, surtout par les diocèses qui ont adopté la nouvelle restauration, est une méthode simple, analytique, négligeant les grandes phrases et les mots savants, initiant avec célérité l'élève à la science du plain-chant, et lui offrant des exercices gradués qui le mettent à même de former sa voix et d'exécuter promptement et avec art tous les plains-chants qui lui seront présentés.

Cet ouvrage, nous l'offrons aujourd'hui. Il est le fruit d'études sérieuses et d'une longue expérience dans l'enseignement du plain-chant. Nous appelons l'attention des maîtres dans l'art de chanter sur les exercices à l'aide desquels pourront se former les élèves. Puisse ce travail leur faciliter l'acquisition de cette science, naguère trop négligée, et sans laquelle le culte catholique ne peut avoir toute la grandeur et toute la majesté qu'il doit faire éclater dans ses saints Offices et dans ses magnifiques cérémonies.

MÉTHODE ÉLÉMENTAIRE

DE

PLAIN-CHANT

APPLIQUÉE

A l'édition de la Commission instituée par LL. EE. les Archevêques de Reims et de Cambrai.

La science du plain-chant consiste à connaître parfaitement les signes qui servent à l'écrire, et à produire exactement, à l'aide de la voix, les sons exprimés par ces signes.

CHAPITRE I.

DES SIGNES USITÉS DANS LE PLAIN-CHANT.

Ces signes sont :

1° La portée ═══, réunion de quatre lignes parallèles et horizontales, sur lesquelles et entre lesquelles sont placées les notes. Les lignes de la portée se comptent de haut en bas. Tel a été l'usage ancien, qui diffère de l'usage contraire suivi en musique (1). Le mode que nous adoptons paraît plus rationnel : la première ligne d'une page n'est pas, certes, celle qui est placée au bas, mais bien au haut de la page.

A ces quatre lignes on ajoute quelquefois, transitoirement, soit au-dessus soit au-dessous, une ligne supplémentaire pour satisfaire à l'exigence de l'étendue d'un morceau de chant :

2° Les notes sont les signes représentatifs des sons. Leurs différentes positions sur la portée expriment la différence des sons, et leurs formes en expriment la durée. Elles sont placées sur les lignes et dans les intervalles des lignes de la portée.

On en distingue de quatre sortes:

la double carrée, la carrée simple, la carrée à queue et la losange.

Dans les notations usitées dans les chants modernes, la queue augmente la note carrée de la moitié de sa valeur, la losange exprime la moitié de la carrée.

Dans les livres composés par la Commission, et qui sont la traduction des anciens manuscrits, la double carréea la valeur de trois carrées simples, la carrée à queue la valeur de deux carrées. La losange n'est qu'une note de passage ou d'agrément, laquelle n'est jamais employée seule sur une syllabe, pas même sur une syllabe brève; elle représente la moitié de la carrée simple. Au chapitre qui traitera de l'exécution, on déterminera d'une manière

(1) Quelques auteurs modernes comptent, comme les musiciens, les glines de la portée en commençant par en bas.

plus fixe l'emploi de ces différentes valeurs. — Nous devons dire ici que le système du plain-chant à notes égales était tout à fait inconnu avant le dix-huitième siècle. — Les manuscrits, les vieilles éditions imprimées, l'écrivent avec des notes d'inégale durée.

Ces notes représentatives des sons ont sept dénominations : *ut, ré, mi, fa, sol, la, si.* — A quelle note doit être appliquée chacune de ces dénominations? C'est le signe suivant qui l'indique.

3° La clef, signe destiné à faire connaître le nom de chaque note placée sur la portée. Il y a deux sortes de clefs, la clef d'*ut* et la clef de *fa*. La clef d'*ut* peut être placée sur les trois premières (1) lignes de la portée, la clef de *fa* sur la seconde et sur la troisième. On donne le

nom d'*ut* à la note placée sur la ligne qui traverse le corps de la clef d'*ut*, et de *fa* à la note placée sur la ligne qui traverse le corps de la clef de *fa*.

ut, ut, ut, ut, ut, ut, ut. fa, fa, fa, fa.

Dès que le nom de cette première note est connu, la dénomination des autres devient facile, car il suffit de suivre, pour les désigner, l'ordre que voici ·

Pour la clef d'*ut*, gradation ascendante : *ut, ré, mi, fa, sol, la, si, ut;* gradation descendante : *ut, si, la, sol, fa, mi, ré, ut.*

---

(1) Les musiciens et les auteurs dont nous avons parlé diraient sur les trois dernières.

Pour la clef de *fa*, gradation ascendante : *fa, sol, la, si, ut, ré, mi, fa;* gradation descendante : *fa, mi, ré, ut si, la, sol, fa.*

La série des notes réunies dans cet ordre s'appelle gamme.

On trouvera, au chapitre qui traite de l'exécution, des exercices pour s'habituer à donner à chaque note le nom qui lui est propre.

Ces notes, comme nous l'avons dit dans la définition, servent à différencier les sons par leurs diverses positions sur la portée : lorsque la gradation est ascendante, la voix doit aussi passer d'un son grave à un son plus aigu ; quand la gradation est descendante, c'est le contraire. Plus l'intervalle est distant d'une note à l'autre, plus aussi cette transition est considérable. — Les différentes transitions se nomment degrés ou intervalles.

Les distances d'une note à une autre ne sont pas égales

entre toutes. Disons tout d'abord qu'entre *mi* et *fa*, *si* et *ut*, la distance est de moitié moins grande que celle qui sépare, quant au son, les autres notes. — La distance entre *mi* et *fa*, *si* et *ut*, se nomme, pour cela, demi-ton; entre les autres notes, elle est d'un ton plein.

Chaque distance d'une note à une autre a un nom spécial. Lorsque deux notes ascendantes ou descendantes se suivent immédiatement, l'intervalle se nomme seconde :

Lorsque, du point de départ au point d'arrivée, il y a trois degrés dont l'intermédiaire est supprimé, cette distance est une tierce :

s'il y a quatre degrés, c'est une quarte; cinq, une quinte; six, une sixte; sept, une septième; huit, par la répétition du nom de la première note de la série, c'est une octave.

Nous avons dit qu'entre le *la* et le *si* il y a la distance d'un ton plein; quelquefois cette distance est diminuée : on emploie alors un signe qui exprime cette altération.

4° Le bémol ♭ est un signe qui abaisse d'un demi-ton la note devant laquelle il est placé. — Dans les plains-chants modernes, on l'a quelquefois placé devant le *mi;* mais, dans la reproduction des plains-chants anciens, il n'est jamais placé que devant le *si*. Il n'existe plus alors qu'un demi-ton entre le *la* et le *si*, et conséquemment il y a un ton de ce *si* abaissé à l'*ut*.

Dans les plains-chants modernes, le bémol est *continuel* ou *accidentel.* Il est *continuel* quand, placé après la clef, à toutes les portées d'un morceau, il affecte tous les *si* du morceau : il est *accidentel* quand il n'est pas placé à la clef, mais bien devant la note qu'il doit abaisser d'un demi-ton.

Il n'y a pas de bémol continuel dans l'édition qui reproduit les anciens manuscrits, parce que la clef y est placée de manière à rendre son usage inutile. Dans tous les cas, quand la note doit être rendue à son expression normale, un signe l'indique.

5° Le bécarre ♮. Ce signe détruit l'effet du bémol, et rend à la note bémolisée son ton naturel.

6° Le guidon est un signe qui a la forme d'une demi-note placée à la fin de la portée pour indiquer la première note de la portée suivante :

7° Les barres sont des lignes qui traversent perpendiculairement la portée ; il y en a de trois sortes :

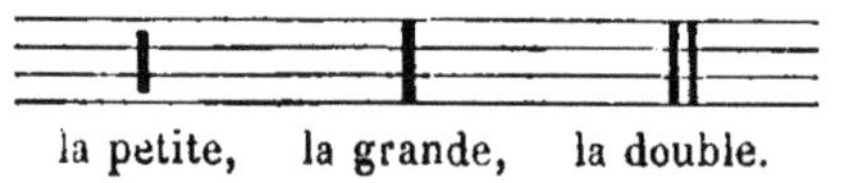

la petite, la grande, la double.

Dans la plupart des chants modernes, la petite barre sépare les mots ; la grande, les membres des phrases ; la double indique la fin d'un morceau ou d'une partie principale d'un morceau. — Dans l'édition de la Commission de Reims et de Cambrai, la petite barre indique un repos de très-courte durée, à peu près le temps de respirer ; elle sépare et indique ces notes agglomérées que les anciens appelaient neumes, et empêche de les confondre ; la grande indique un repos plus considérable. Les doubles barres marquent la fin de l'intonation, la fin des principales parties et la terminaison du morceau.

Outre ces signes, tous placés sur la portée, on trouve, au commencement et à la fin des morceaux, des chiffres qui indiquent à quels modes ils appartiennent. Expliquons ce qu'on entend par *mode*.

Les différents morceaux de plain-chant peuvent se diviser en catégories qui affectent des formes spéciales, des manières de commencer, de se continuer et de finir ; ces catégories s'appellent modes ou tons.

Les anciens en distinguaient quatorze, les modernes n'en comptent plus que huit; mais par les sous-divisions qu'ils admettent dans certains de leurs modes ou de leurs tons, ils emploient réellement les quatorze modes des anciens. C'est pour cela que dans l'édition de Reims et de Cambrai on a, avec raison, écrit le plain-chant sur les quatorze modes des anciens. Cependant, pour satisfaire aux exigences des modernes, on a indiqué en chiffre arabe, au commencement de chaque morceau, le ton ou mode auquel se rapporte le mode ancien désigné par le chiffre romain. Chaque mode a deux caractères qui servent à le distinguer : la note qui le termine et qui se nomme *finale*, et celle qui ordinairement est la plus fréquente dans le morceau, sur laquelle se chantent presque toutes les notes dans la psalmodie de ce mode, et que l'on nomme dominante; elle est indiquée, dans l'édition de Reims et de Cambrai, par une note placée après la clef et sous laquelle ne se trouve pas de syllabe.

Voici les finales et les dominantes des quatorze modes ou tons :

Modes ou tons.	Finales.	Dominantes.
1.	ré.	la
2.	ré.	fa
3.	mi..	ut
4.	mi.	la
5.	fa.	ut
6.	fa.	la
7.	sol..	ré
8.	sol.	ut
9.	la.	mi
10.	la.	ut
11 inusité. . .	si.	fa
12.	si.	mi
13.	ut.	sol
14.	ut.	mi

On divise les tons ou modes en modes authentiques et en modes plagaux. — Les modes authentiques ont la quarte et la quinte au-dessus de la finale. — Les modes plagaux ont la quinte au-dessus, mais seulement la quarte au-dessous. — Les modes authentiques sont les modes impairs 1er, 3e, 5e, etc. — Les modes plagaux sont les modes pairs 2e, 4e, 6e, etc. Quand un mode réunit l'étendue de l'authentique et du plagal correspondant, il s'appelle mixte.

CHAPITRE II.

EXÉCUTION.

Pour exécuter parfaitement le plain-chant, il faut donner : 1° à chaque note le son qui lui est propre ; 2° la durée exprimée par cette note ; 3° à chaque syllabe les notes qui lui sont attribuées, et 4° pour atteindre la perfection, donner au chant l'expression exigée par lès paroles du texte.

Une longue expérience nous a révélé une série d'exercices propres à former l'élève à exécuter facilement tous les morceaux de plain-chant. Nous ne suivrons pas l'usage ordinaire, qui consiste à faire chanter successivement tous les intervalles, même ceux dont l'intonation présente une difficulté plus grande. Notre méthode procède du connu à l'inconnu, de l'intervalle facile à franchir aux intervalles qui offrent plus de difficultés. C'est par le chant de morceaux faciles que nous amenons les élèves à chanter les intervalles de sixte, de septième et d'octave.

Mais, avant de se livrer à ces exercices, il est nécessaire que l'élève connaisse bien l'instrument dont il doit faire usage et les moyens à l'aide desquels il en tirera un parti avantageux. Quelques notions physiologiques sur la voix humaine nous paraissent ici nécessaires.

Les organes de la voix sont : 1° les poumons, deux lobes qui ont la propriété de se gonfler d'air et de le chas.

ser au dehors : ce sont les soufflets de l'instrument ; 2° le larynx, cartilage cylindrique placé au-dessous de la base de la langue, muni, à l'intérieur, de plusieurs ligaments qui servent à le rétrécir et à l'élargir, à le raccourcir ou à l'allonger ; 3° la glotte, qui est une petite fente ménagée entre les ligaments et à la sommité de cet assemblage. C'est par cette fente que l'on respire, que l'on parle, que l'on chante. Tout ce petit instrument s'élève, s'abaisse, s'élargit, se rétrécit à volonté, et forme ainsi toutes les modifications de la voix. 4° L'épiglotte est un cartilage très-mince et très-mobile, attaché à la partie supérieure du larynx et servant à l'articulation des sons. L'instrument est complet : les poumons, réservoir de l'air qui produit le son ; la glotte ou l'embouchure, qui le modifie ; l'épiglotte, qui le nuance et le détermine ; la langue, la mâchoire et les lèvres servent à la prononciation des syllabes auxquelles le son est appliqué.

Voici l'usage qu'il faut faire de ces organes pour bien chanter : 1° introduire d'une manière uniforme, et non par saccades, l'air dans les poumons, par une aspiration naturelle et à laquelle ne doivent jamais se joindre des mouvements de corps qui la rendent pénible ; n'attendre jamais que l'air manque pour respirer de nouveau ; lancer avec aisance le vent vers le larynx, avec plus ou moins de force selon que le chant doit avoir plus d'intensité de voix, plus de vigueur et d'énergie, mais toujours dans une sage mesure, de peur que l'air ne gonfle trop la glotte, et que cet excès ne produise la toux. Ceux dont les poumons sont faibles doivent prendre les plus grandes précautions pour ne pas en abuser, surtout si leur voix est dans le diapason de la basse-taille.

L'épiglotte servant à articuler et à modifier le son, il

faut la soumettre à des exercices qui lui donnent beaucoup de souplesse et de facilité. Pour cela, émettre un son que l'on continuera le plus longtemps possible, sans que la respiration soit gênée; puis renouveler ce son par un mouvement de l'épiglotte; le continuer encore, mais moins longtemps, puis graduellement arriver à articuler le même son d'une manière plus vive, en observant bien de ne le faire ni monter ni descendre. Ces exercices doivent être faits d'abord dans le bas, dans le grave de la voix, et être répétés successivement jusqu'à ses sons les plus aigus.

Il est difficile de s'imaginer les bons résultats qu'on obtient par cette méthode, la facilité qu'on acquiert et la force que l'on communique à l'organe.

On doit encore observer que, toutes les fois qu'on doit produire une note très-grave, on donne au larynx, en abaissant la tête, une position qui facilite beaucoup cette émission de voix; et par l'effet contraire on produit plus facilement les sons aigus en élevant la tête. Tous ces mouvements doivent s'effectuer naturellement et sans prendre aucune position ridicule ni gênée.

Voici maintenant une suite d'exercices à l'aide desquels on parviendra à produire des sons justes et parfaitement en rapport avec ceux exprimés par les signes dont nous avons parlé.

ARTICLE PREMIER.

DONNER A CHAQUE NOTE LE SON QUI LUI EST PROPRE, ET A CHAQUE NOTE SA DURÉE.

Les exercices qui suivent sont le résultat d'une expérience acquise par plus de trente années d'enseignement. En les faisant suivre à leurs élèves, les maîtres de chant seront convaincus des bons effets qu'ils produisent.

PREMIER EXERCICE.

L'unisson.

On ne s'occupe pas assez d'enseigner aux élèves à reproduire avec justesse un son déjà exprimé. Cette justesse d'unisson est assez difficile à obtenir; les voix graves ont une tendance à passer à l'aigu en répétant plusieurs fois la même note, et les voix d'un diapason élevé ont généralement le défaut contraire. Le maître doit donc d'abord faire entendre à l'élève un son que celui-ci donnera aussitôt, et le maître l'exercera à le reproduire sans monter ni descendre. Il prendra ce son dans le *medium* de la voix de l'élève, en lui faisant prolonger ce son sur la syllabe *a*, jusqu'à ce que le dernier son émis soit parfaitement égal à tous les autres.

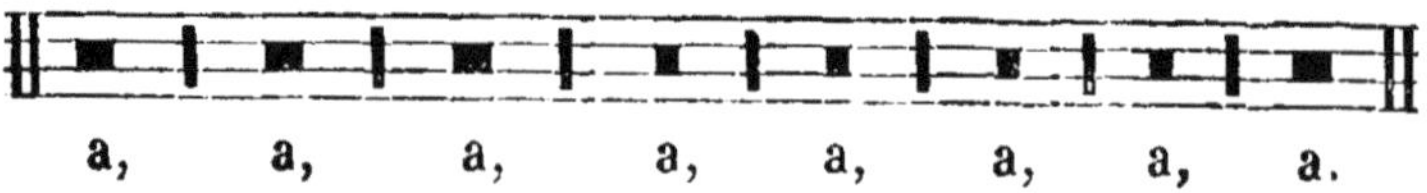

DEUXIÈME EXERCICE.

Intervalles.

Presque tous les élèves savent parcourir les différents degrés de la gamme avant de prendre des leçons de chant, c'est le résultat de l'enseignement qu'on donne partout à l'enfance ; cette gamme reste gravée dans la mémoire : on la fera chanter à l'élève, afin de s'assurer s'il rend d'une manière bien juste tous les sons qu'elle exprime.

Nous conservons l'ancien usage de dire *ut* sur le premier degré; la syllabe *do*, à la vérité, est plus sonore, mais la syllabe *ut* se trouvant souvent dans le latin, il est bon que l'élève s'accoutume à vaincre la difficulté qu'offre sa prononciation.

Intervalles de seconde, ou d'un ton plein.

L'élève s'accoutumera à respirer aux petites barres et à faire un repos bien marqué aux grandes. Chanter lentement :

Il se rappellera qu'entre le *mi* et le *fa* il n'y a qu'un demi-ton ; il faut lui faire entendre successivement ces deux sons, les lui faire reproduire : la plupart des élèves ne donnent pas assez d'élévation au *fa*.

Faire remarquer a l'élève le demi-ton entre le *si* et l'*ut*.

Intervalles de tierce.

L'élève observera que cet exercice est écrit sur la clef de *fa* troisième ligne, et que la dénomination des notes est semblable à celle des morceaux écrits sur la clef d'*ut* première ligne. — Les noms des notes cessent d'être écrits, pour qu'il s'habitue à donner à chacune la désignation qui lui est propre.

Intervalles de quarte.

Résumé des Exercices précédents sur des phrases ou formules du premier mode.

L'élève devra donner aux notes la durée qui leur est propre, couler légèrement les carrées, bien marquer les notes à queue, prolonger les doubles carrées et bien différencier les repos.

C'est surtout dans cette partie que notre méthode s'applique spécialement à l'édition de la Commission nommée par LL. EE. les Archevêques de Reims et de Cambrai. On a cru à tort que ce chant renfermait de graves difficultés relatives à l'inégalité des notes; on s'est trompé. Ce chant rhythmé est si naturel, que l'on obéit, pour ainsi dire, à la tendance inspirée par le bon goût en coulant sur les carrées jusqu'à ce que l'on rencontre une carrée à queue, qu'on prolonge un peu pour continuer encore l'allure accoutumée sur les carrées qui suivent, en passant presque imperceptiblement sur les losanges, en marquant le temps de respiration aux petites barres et le temps de repos aux grandes barres. Ce n'est pas un chant mesuré, c'est une espèce de récitatif, mais si naturel, si facile, que de nombreux essais, faits à Paris et dans beaucoup de diocèses, ont invinciblement démontré que la grâce que ce rhythme donne au chant n'est point gênée par ces difficultés imaginaires.

Intervalles de quinte, sur la clef d'ut *deuxième ligne.*

La note de départ et celle d'arrivée s'appellent mutuellement dans les quintes.

Exercice reproduisant les quintes usitées dans le plain-chant. — Usage de la ligne supplémentaire.

Les sixtes et les septièmes sont peu en usage ; il y a entre les deux points de distance un repos qui les facilite. On enseignera à l'élève que, lorsqu'un intervalle lui paraît difficile, il doit supposer présentes les notes qui séparent le point de départ et celui d'arrivée, chanter d'abord ces notes, et de suite franchir la distance sans les notes intermédiaires, en prenant pour modèle l'exercice suivant :

Clef d'ut *troisième ligne.*

Pour bien faire l'octave, il suffit de bien écouter le point de départ, il prépare au point d'arrivée.

Clef de fa *deuxième ligne. — Ligne supplémentaire. Emploi du bémol.*

Le bémol est employé pour abaisser le *si* d'un demi-ton. C'est pour empêcher la relation de *fa* naturel à *si* naturel, intervalle qui choque l'oreille. On doit faire observer que cet intervalle n'a pas cet inconvénient quand il est suivi par un repos qui empêche cette relation discordante.

Il y a entre le *la* et le *si bémol* la même distance qu'entre le *mi* et le *fa ;* il faut produire ces deux sons en changeant le nom des notes.

Effet du bécarre, qui replace la note dans son état normal.

Lorsque l'élève aura chanté tous ces exercices et d'autres analogues, selon que son maître le jugera nécessaire, on choisira dans le Graduel et dans l'Antiphonaire des morceaux de chaque mode, en procédant toujours du plus aisé au plus difficile. Il devra remarquer dans quel mode il chante et les principales difficultés qu'il doit vaincre.

ARTICLE DEUXIÈME.

DONNER A CHAQUE SYLLABE LES NOTES QUI LUI SONT ATTRIBUÉES, ET AU CHANT L'EXPRESSION.

I. Il ne faut pas commencer ces exercices avant que l'élève sache parfaitement donner à chaque note le son et la durée.

Il est très-facile de placer chaque syllabe sous les notes qui lui sont assignées. On chantera les notes placées sur les syllabes d'un mot, puis les syllabes avec les notes, puis enfin on répétera cette opération pour deux mots, puis pour trois, etc.

Exercice.

Faire remarquer le signe de dominante, et les notes de passage, les losanges

II. L'expression est au chant ce que le nuancé des couleurs est à un tableau.

Les textes de nos mélodies sacrées expriment des idées variées, des sentiments divers de crainte, d'amour, d'espérance, de menace, de désir. L'écrivain raconte, il encourage, il pleure, il se réjouit, il tonne; tous ces sentiments peuvent être parfaitement exprimés par les mélodies de saint Grégoire.

Si nous donnons au chant l'expression qui lui est propre, nous produirons d'heureuses impressions sur les fidèles, et nous serons nous-mêmes plus pénétrés du sens des paroles sacrées que l'Église nous charge de faire entendre à ses enfants.

1° Faire attention au sens du texte : si on sait la langue latine, cela est facile; si on l'ignore, imiter ces chantres zélés qui ne vont jamais à l'office sans avoir lu la traduction de ce qu'ils doivent chanter. Les chanteurs d'airs profanes se donnent bien cette peine!...

2° Se pénétrer du sens des paroles, de manière que l'on sente vivement ce qu'elles expriment. Les hommes sont plus ou moins bien organisés, plus ou moins sensibles, mais tous peuvent dire d'une manière différente des paroles qui ont divers sens. Lorsqu'on voudra y faire une attention sérieuse, on ne dira pas de la même manière : *Venite ad me, omnes qui laboratis*, etc., et *Ego in interitu vestro ridebo, et subsannabo*, etc.

Comment arrivera-t-on à cette variété d'expression? Il est difficile d'écrire ces moyens; cependant essayons :

D'abord il faut sentir vivement, et puis d'elle même la voix prendra un ton suppliant dans la prière, un ton uniforme dans le récit : de l'énergie, de la vigueur dans la menace, en renforçant le son sur les paroles qui expriment ce sentiment, le diminuant sur les textes qui parlent avec douceur, coupant un peu brusquement et par un ton sec une note qui termine un texte exprimant la crainte ; en général, renfler le son sur les notes ascendantes, le diminuer sur les gradations descendantes ; marquer *avec intention* les repos après les paroles qui semblent demander davantage l'attention de l'auditeur ; accélérer un peu le mouvement dans la joie et l'espérance, le ralentir un peu dans la crainte et la tristesse.

Que l'on y mette du zèle et de la bonne volonté, et l'on sera surpris des bons effets que l'on pourra produire.

Voici un morceau qui est un véritable chef-d'œuvre : nous allons l'analyser, en indiquant l'expression que l'on doit donner à cette admirable mélodie.

C'est la Communion de la Messe des Innocents.

Attaquez fortement la première note, et faites entendre cette voix qui retentit dans *Rama* ; affaiblissez un peu le son sur la syllabe *in* pour le renfler et bien prononcer *Rama;* le mot *audita* est prononcé aussi très-vivement et suivi d'un repos bien indiqué; le second *ré* du mot *ploratus*, accentué avec force, et la voix faiblissant jusqu'au *si*, peindront la tristesse et les pleurs ; les notes d'*ululatus*, accélérées et détachées, et le repos suivant, prépareront au nom de *Rachel*, dont toutes les notes iront *crescendo* pour contraster avec les tierces adoucies du mot *plorans*, qui, chantées très-*piano*, semblent gémir ; le *ré* de *filios*, bien marqué, montre les enfants massacrés ; la chute d'*ut* à *sol* exprime l'étonnement et la douleur ; le mot *noluit* continue à pleurer. La consolation est parfaitement rendue par les notes adaptées au mot *consolari ;* les notes groupées sur le mot *quia* expriment la gravité du motif des pleurs de cette pauvre mère. Le renflement sur la pénultième de la finale et la désinence suspensive sur le *sol* expriment la mort et le deuil qui la suit.

Sans une prononciation parfaite, sans une accentuation qui est le résultat de pauses bien ménagées, il est impossible de parvenir à cette beauté d'expression. Nous rappellerons donc à tous ceux qui désirent vivement chanter avec la perfection qu'exige la dignité des saints Offices : 1° que les sons sont exprimés par les voyelles, qu'ils sont modifiés par les consonnes. Il faut donc s'appliquer à donner à chaque voyelle le son qui lui convient; bien différencier l'*o* de l'*a*, l'*i* de l'*u ;* donner assez de mouvement à la langue et aux lèvres pour que chaque consonne s'entende parfaitement, surtout lorsque deux consonnes se suivent. 2° Que le sens, et par conséquent la bonne expression, sont altérés par des repos à contre-temps, tels

que ceux-ci : *Deus in adjutorium — meum intende, Domine ad adjuvandum — me festina,* ou par des liaisons opposées aux bonnes règles, telles que celles-ci : Vere dignum *et,* Æquum *et;* Vita mutatur non — tollitur, etc.
3° Qu'une attention sérieuse à la ponctuation du texte aide beaucoup à donner au chant une expression véritable.

Nous ne pouvons nous dispenser de citer, en terminant, ce morceau admirable sur lequel les élèves pourront s'exercer à donner au chant l'expression qui lui convient :

Ce magnifique Répons renferme les différentes espèces de neumes ou agglomérations de notes que les anciens représentaient le plus souvent par un seul signe, et qui s'y trouvent groupées entre les barres qui traversent les portées.

CHAPITRE III.

DES DIFFÉRENTES ESPÈCES DU PLAIN-CHANT.

Les morceaux de plain-chant se divisent en deux espèces : l'une, notée presque à l'unisson, et dont le nombre des notes répond à peu près à celui des syllabes, comme les petits Versets, les *Benedicamus*, les Oraisons, les Préfaces, les Psaumes, etc. ; l'autre, plus variée de formes, plus riche de formules mélodiques, comme les *Introïts*, les Graduels, certaines Antiennes, etc. Tous les chants de la seconde espèce sont notés en entier dans les livres liturgiques des différents diocèses, on a indiqué, pour ceux du premier genre, les formules sur lesquelles ils modulent. Dans cette méthode élémentaire nous nous bornerons à dire de recourir à ces formules.

Quant à la psalmodie, nous conseillons fortement de suivre les règles prescrites au commencement du Vespéral de la Commission de Reims et de Cambrai, et nous analyserons pour ceux qui n'auraient pas ces livres un texte de la plus haute antiquité, lequel résume tout ce que l'on peut prescrire pour le chant des Psaumes. Le texte est extrait d'un manuscrit de Saint-Gall et cité par Gerbert.

Il demande qu'on chante les Psaumes, 1° sans trop de lenteur, d'une voix mâle et animée. 2° Qu'on fasse parfaitement et simultanément le repos à la médiante. 3° Qu'on ait égard à l'accent, à la quantité prosodique, pour quitter la dominante à la médiante et à la finale des versets des Psaumes, si cet accent prosodique est conforme à la formule de médiante ou de finale de chaque mode, formule qui se trouve dans tous les Antiphonaires Si, au contraire, l'accent prosodique, la quantité des syllabes, n'est pas conforme à la formule, il faut faire céder la prosodie à cette formule.

Il faut, pour quitter la teneur, prendre autant de syllabes qu'il y a de notes dans la formule, en observant cependant de ne jamais placer la note accentuée de la formule sur la pénultième brève d'un mot de plus de deux syllabes ; on considère comme telles les syllabes des participes qui précèdent immédiatement le verbe *est*, *sanctus est*, *invocatum est*, etc. Dans ce cas, on quitte la dominante sur la syllabe longue qui précède.

Pour aplanir toutes ces difficultés, on publiera incessamment un ouvrage où les Psaumes seront imprimés de telle manière, que la différence des caractères fera connaître l'application des paroles au chant dans tous les modes.

Beaucoup de diocèses ont des règles spéciales de psalmodie qui contribuent à favoriser une belle exécution. Nous ne voyons aucun inconvénient à ce que chacun suive en cela un usage dont les bons résultats sont connus.

Voici, ce semble, tout ce que pouvait dire sur le plain-chant une méthode analytique et élémentaire. Puisse cet enseignement concourir à la belle exécution de ces mélodies sacrées qui élèvent vers Dieu les âmes des fidèles; puissent-ils convaincre tous ceux qui sont chargés de cette exécution de l'importance de cette fonction auguste ; puissent-ils les encourager à offrir au Seigneur le sacrifice de louanges qui est dû à sa divine majesté.

Tibi sacrificabo hostiam laudis : et nomen Domini invocabo.

Pour répondre au désir que nous ont exprimé des musiciens distingués, nous offrons ici un tableau à l'aide duquel il leur sera facile de transposer en musique tous les morceaux du plain-chant.

Puisse ce mode de transposition les engager à étudier nos mélodies sacrées et à concourir à leur exécution. Nous leur ferons remarquer qu'ils ne doivent pas être induits en erreur par les accidents dont la clef de musique est armée. Ces accidents n'indiquent pas que les morceaux sont dans la tonalité exprimée par ces signes; qu'ils se contentent de traduire note pour note, et qu'ils se souviennent que l'accompagnement ne doit jamais faire changer la tonalité du mode du plain-chant.

Nous leur dirons aussi de laisser toujours entendre parfaitement la mélodie sans la masquer par l'accompagnement, et de préférer l'unisson à tout accord qui nuirait à la pureté du chant. Cela s'applique particulièrement aux désinences du 3e et du 4e mode.

TABLEAU TRANSPOSITEUR.

CHANT DE LA COMMISSION DE REIMS ET DE CAMBRAI.

Valeur approximative des notes. Valeur des pauses.

AUTRES CHANTS.

Si le bémol est continuel.

Si le bémol est continuel.

TABLE.

www.ingramcontent.com/pod-product-compliance
Ingram Content Group UK Ltd.
Pitfield, Milton Keynes, MK11 3LW, UK
UKHW020519180726
13839UKWH00005B/2186